OGENBLICKS

Ein kleines *Glossar* mit plattdeutschen Wörtern zu diesem Buch befindet sich am Schluss des Buches.

OGENBLICKS

44
plattdeutsche Gedichte

von

ERICH MEYER

Gestaltung und Photos:

pws-art/Peder W. Strux Hamburg/München

Herstellung und Verlag:
Book on Demand GmbH, Norderstedt

ISBN: 978-3-8482-3766-1

Buchtitel: OGENBLICKS

An dieser Stelle
bedanke ich mich sehr herzlich bei
Dörte Wendlandt und Ruth Scheidt
für ihre Aufmerksamkeit und ihr Interesse
bei der Entstehung des vorliegenden
Gedichtbandes.

Erich Meyer
Hamburg 2012

Vorwort

Erlebtes aus dem Augenblick will ausgedrückt werden.

Erich Meyer schaut genau hin und hat die Gabe, Situationen mit dem Herzen zu erfassen.

In diesem vorliegenden plattdeutschen Lyrikband lässt er uns an seinem persönlichen Blick teilhaben.

Mit seinen Augen, den Blicken in seine Welt, nimmt er uns mit auf eine Reise.

Sie macht unser Leben reicher.

Ich wünsche Ihnen viel Freude und Genuss bei den OGENBLICKS von Erich Meyer.

Peder W. Strux
Hamburg/München 2012

spör – wat nah dien welt

de ogenblick

süh – de sünn dor steiht
hör – dat liese leed
föhl – wat sacht de wind
do geiht
rüük un smeck
de lucht ümbi

spör – wat nah dien welt
spör – den ogenblick

nu bliev wull stolt

waak – warrt de welt

mang twiegen singt
de meeschen nah ümbi
över 't gras
dat eekhoorn strickt –
in de hecken fallt
de morgensünn

de saffraan bleiht
so bunt to 'n weg
bi 't schraagen kratt
de ööschen weiht

lies ruuscht de fledderesch
wat blau de heven lücht –
hooch baven
wiet de kreihen kreiht
waak warrt
de welt –
mien leves kind
ik all dien wunnern spör

bliev wull stolt

wat geiht se stolt
den weg henlang
wat witt de blööt
ehr hoor maakt smuck –
de lütte – lütte deern

se lacht so selig
mi toher
ik lach – förwiss
torüch –
de lütte – lütte deern

wat nu –
dor liggt de blööt
so gau
nu op 'n weg
welk wunnern is –
de lütte – lütte deern

doch seh ik rasch
de blööt – so witt
se maakt dat hoor
al wedder smuck –
de lütte – lütte deern

do geiht se nu
an moder's hand –
al wedder stolt
na vörn – se kickt –
de lütte – lütte deern

nu gah ik wieder
ok de lütte deern –
wat vöran
se geiht –
nu bliev wull stolt
du lütte – lütte deern

mien modig deern

links dat been
rechts dat been –
se brösig
op de muur hüppt
op un daal
de töpp dor gahn
so stolt – ehr ogen lücht

ik seh na baven hen
mien blick – al mahnt
he is nich ahn de sorg –
doch – wat schelmsch
ehr grienen speelt

se brösig
op de muur hüppt
un – hopp
dor steiht se nu
so dicht bi mi

wat stolt de ogen lacht

wat stolt

de kopp – se heevt –

lütt' deern

du hest mi wull beliert

en fleerling nu

sik setten deit

so sachten – op ehr haar

se markt dat nich –

wat hartlich

smüüster ik

so liesen vör mi hen –

un lach

de fleerling weiht

un hell se lacht

mien modig

lütte deern –

welk freien

mi do röhrt

Marie

vöran – torüch
vöran – torüch
wat snell de schuckel geiht
vöran – torüch
vöran – torüch

ehr haar
dat flüggt –
so högig weiht
de sommerwind

de park
wat smuck he is
wat bunt
de blomen blöh'n
dat grass
so still dor wasst –
de nahe sünn
de weeg beschient

vöran – torüch
vöran – torüch
wat hooch de schuckel geiht –
twee ogen
in de sünn
dor dröömt

de wulken tehn
so hill un still –
wat selig
mi de sünn

ik seh
du dröömst – Marie
wohr du all
dien dröömen –
hool dat fast
– Marie

bi 'n flamencodanz

se danzt un danzt –
na links – na rechts
den kopp se dreiht
se weiht ehr hand
so stolt mither
as wenn se wull
'n weiher föhrt –
de kleene deern

un nah dorbi

dor klingt musik –

de röck sünd bunt

de kleder fein

dat hoor so swatt

dat hoor so smuck

se stolt de weihers dreih'n –

welk füür denn

den danz bewägt

anmodig – lockt de danz

wat smuck de fruun to sehn –

un nah dorbi

se selig danzt

– de kleene deern

blomendanz

wat heet se glöht
de middagssünn –
nu överall
dat surrt un flüggt

un nah bi 't feld
– wat root ehr kopp –
'ne lütte deern
dor blomen plückt –
blomen – as de wulk so witt

de krüllen swatt
dor röppt 'ne fru
un as de katt so flink
de lütte deern al löppt

hen na de fru – se löppt –
se al wedder
– blomen plückt –
blomen – as de sünn so root

nu kick mal hen –
't sweven blomen
bunt un licht –
un högig röppt
de lütte deern
– blomendanz
blomendanz

ik spör

se singt un danzt
se kickt un söcht
de lütte muus –
se findt un lacht
se deiht un lett

wat weiht de wind
so sacht
wat weiht ehr hoor
so hen –
ik kiek un seh
de lütte muus

se grient –
un lies – ik spör
wat nah wi sünd

in dokters töövstuuv

dor sitt ik nu – un lees
ik tööv al lang – de stünn

tegenöver – en lütt' worm
lehnt kommodig dor
in sien kinnerkoor –
dreiht dat koppchen hin un her
presst de fingers an dat ohr
gluckst un huchelt vör sik hen –
weer dor ok – en kleenes woort?

de lütt' worm
wat still he warrt
wat waak he kickt –
dor is 'ne rode jack
an 'n hoken – just to sehn

nu juucht dat kind
un selig klingt sien stimm
– mama

keen woort

ehr so lütte hand
moder's arm do faat –
dat is wull goot un seker

se steiht un lacht
se hüppt
un dreiht den kopp –
se kickt – un lu'rt
hört – un fröggt
se snackt un snackt –
ehr lütt' nees
de sünn do kettelt –
dat duert al
sien tiet

ik mal heff leest –
de groote gott
he keen woort
hett seggt
vun ielen un vun hast –
alleen de tiet – he geev

maienkinner

de wind dor weiht
so levig in 'n weg
so dwarlig danzt dat gras
sik in 'n dag verleevt
de maiensünn

sik hastig kneen – de kinner all
se wuseln
se sik högen

de jungs un deerns
se gele blomen plückt –
un nu – ik seh
so lütt' schirms dor sweven –
se so lustig weiht – in 't kinnerhoor

wat för 'n puusten
wat för 'n lachen
ik dor kiek –
wull ok al lacht
de maiensünn

seh ik dor?

de musik – se klingt so hill
nu kiekt – de lütte jung
he dreiht sik ümlangsher
wull dröömt he
vun de sünn

he kickt un lacht
he lacht un kickt
na baven to –
dor danzt en kievig luchtballon

he höllt so fast – dat dünne band
do schallt de musik
all to luut – un schwupps
do suust de pralle luchtballon
gor to 'n himmel hen

seh ik dor – en poor
söte tranen rinnen?

lütt' jung

wat weiht de wind
di dörch dat hoor
dien ogen – waak un kloor
du kickst – un söchst
du jümmer hest
so 'n grientje op

ik mag dien söken
mag dien fragen
so warrt mi do
nich bang

ik hoop
dat all dien tieden –
de gode antwoort
op di töövt

strandjungs

wat de arms sik heven
wat de arms sik breden
wat flink de schüffeln geiht

de jungs nu all
se lacht un schimpt
se röppt un maakt

wull is 't 'ne wichtig sook
wat de jungs dor deiht –
un nah – de waters ruuscht

do heevt so an de wind
drifft vöran – de waggen nu –
miteens – de waters flütt nu ran

wull över 'n strand – nu strickt
de witte gischt –
de jungs
wat lang – ehr nesen warrt

verswunn'n – toorns un dämm
se hebbt maakt vun 'n gelen sand –
noch dat letzte water danzt
wo de gravens wer'n

wat 'n ogenblick
do dat water streek –
nu al wedder sacht
de waggen geiht

– seht –
en ball dor achtern flüggt
wat 'n lachen – wat 'n jöhlen
– kiekt –
noch vörn bi 'n water liggt
de schüffeln in 'n sand

schoolanfang

dor staht se nu
de mäkens un de jungs –
dat hoor so smuck
de schöh so blank
de bunte tüüt – in 'n arm

wat lüchten de gesichter –
doch mannich oog – ik seh
dat kickt en beten bang
sogor – dor löppt
de tranen daal –
doch al sachten schient
de so hille sünn

wat fierlich
de stünn –
wat warrt de seel mi
so still

de schooltüüt

se prall un bunt
se füllt bit baven hen –
wat drückt se swoor
sien' arm

de vader knipst – en foto hüüt
de dag wull wichtig is
un in de koor bito
dor blarrt
de süster – noch so lütt

de moder toggt
de jack torecht
nu schallt de klock
al luut –
nu geiht he los
de ierste dag
un prall un bunt
de schooltüüt is

slaap wieder

de vagel singt – so nah in 'n boom
de himmel sik
noch duuster wiest
un buten weiht – de wind so sacht

noch slöppt de morgen
fröh to 'n dag
noch slöppst ok du
mien leves kind

slaap wieder – leves kind
de vagel in 'n boom – dor singt
dat is sien stünn
du leves kind

drööm wieder – du mien kind
noch slöppt
de morgensünn

un buten
lies – de vagel singt

de twee
HALLOWEEN

wat dat pingelt
an uns döör –
tweemal – dreemal
geiht dat lang
wull maak ik op
de döör –
dor steiht twee kinnner
so tovör

se hoolt fast
twee taschen in de hand
un op de steed
se seggt –
wat suer is – wat sööt
för uns taschen hier

op ehr'n köpp
en hoot dor sitt
he is so swatt un spitz
swatt ok – de ümhang is –
in 't gesicht – ne lange nees
de backen – root un grÖÖn

do singt se scho
en leed mi vör –
ik geev jem
appels un zitron'n
'n lütten koken
noch dorto –
un noch 'n leves woort

do lüchten hill
de kinnerogen –
al sünd se weg
– de twee

dat is keen droom

ehr nees – so root un blank
ehr mütz – so warm un dicht
deep tagen in 't gesicht –
de lütt ogen
noch so graad to sehn

wat frostig nu de avend is
nu weiht de kole tiet toher –
doch rundüm – de bunten lichten danzt
een rüükt – de söten wiehnachtssaken

de himmel is so kloor un schier
en sachten glanz dor dröömt
un baven – hill dor steiht
so prall un rund – de maand

do kickt se nu – na baven hen
wo groot de maand nu schient –
dor wiest ehr finger nu tohen
un luut – licht an –
de lütte deern do röppt

ehr ogen strahlt
un högig – se nu lacht –
mien lütte deern
dat is keen droom
dat is alleen – dien welt

wiehnachtsplätten

dat rüükt
na peppernööt
un appels
na honnig noch dorto
na kaneel un marzipan –
do is nu wiehnachten al ran

an 't kole finster press
dien so lütte nees
süh – dien aten maakt
dor dat glas so kloor –
kick – en vagel dor in 'n boom
de kinner all
mit warmer mütz

wat hill – dien ogen lücht
kumm – rin na de köök
wi gaht –
wi backt wiehnachtsplätten

hilligavend

de kinner all – se töövt
töövt op den wiehnachtsmann
denn nu is hilligavend ran
ehr ogen groot un wiet
mit högen se na buten kiekt

dor fallt de snee op feld un weg
de steerns nu all – se steiht tohööcht
üm 't huus rum geiht – de kole wind
en vagel sik to 'n finster findt

dor jumpt de kinner all tohoop
hen na de döör se löppt un röppt

kummt gor al
de wiehnachtsmann?

lüüd

wat schimpt ji do
wat luut de kinner
röppt un löppt
wull över 'n dag

nu denn –
de kinner al
de welt vergeet
de welt
to 'n ogenblick

ehr egen welt
so nah bi sik –
do is nu danz un speel
wull freid nu överall

wat roopt ji nu
na vörschrift un gesett
na gericht un richters –
gaht op de kinner to
un snackt –
de kinner hebbt
en waakes ohr

twee lütte fööt

de weeke sand –
twee lütte fööt
se sünd hier gahn
de sünn – so hill
se lacht – vun baben daal
hevenblau
de waters geiht

du wiede sünn –
wo uk de fööt
nu sünd
wies ümmer jem
'n goden weg

laat finnen uns

in de fröh

över feld un wischen
de fröhen kreihen röppt –
de letzte nevel noch
in busch un hecken krüppt

noch still
dat lütte dörp
noch still
de dag do is

lies ruuscht de linnenbööm –
de straat henlang
de wind dor weiht –
de smaale beek
so smödig flütt
so nah – de ole brück

nu seh – de sünn
wat keut se kickt
so dör de wulken dör
– alleen –
dat is en ogenblick
al is se foort
de morgensünn

ik stah
un weet –
de gode sünn
se jümmer kehrt
torüch

de dag

wat wiet – wat blau
de himmel
welk rosenruch an 'n weg –
de dag – in 'n goll'nen schien

de blomen licht un bunt
dat koorn nu geler warrt –
de dag – do vull vun farv

de kinner danzt un singt
se strieden – sik verdregen –
de dag – do vull vun klang

de wind so sachten geiht
wat week de lüfte all –
de dag – do vull vun spör'n

wat herrlich mi de dag
wat riek an segen mi de stünn'n –
de dag – do vull vun glück
un leven

fröhlingsdag

opbrickt – dat fröhe gröön
de sünn
noch scho do kickt –
sik mählich truut
dat ierste blöh'n
de vagelsang
sik modig heevt
hooch de wulken dröömt –
fröhlingsdag

oostern

nu röppt de sünn
den nieen dag
so sachten gröönt
nu busch un boom –
wat lies de blomen schenkt
ehr so stilles blöh'n
na den stünn'n tohen

mi dücht –
de blomen
– noch so still –
asbald to'r sünn
do warrt

pingsten

to pingsten
nu de rosen blöh'n
wat glinstern nu
de parks un goorns –
de lue wind
geiht över feld un wischen

sümmerdag

süh de rosen

in de sünn

süh – wat sacht

de fleerling sweevt –

'all ümbi

et flirrt un summt –

sümmerdag

de eekkatt

un swupp – un swupp
un swupp – un swupp –
nu snuppert hier
nu snuppert dor
de rode eekkatt bi de heck –
un hopp – dor is se över 'n tuun

un vör ik mi verseh
nu linst de eekkatt al
dor vun baben daal –
wull kickt se schelmsch
al dör de bläder dör

ik meen – se grient
un wenn se plattdüütsch
snacken kann
ik glööv – se see to mi –
goden dag
dor ünnen

de rode sünn

nu sacht – de avend fallt
in de wischen
in dat holt –
de rode sünn
so rund un groot
se spegelt wiet
sik in den dieken

lies de waggen delen
dat so smödig licht –
dat de nahen waters
in de nach do föhrt

al bold verglöht
de rode sünn
sik dat duustern
in de stünn nu heevt –
un in de wieden weiht
de köhle wind

de heid

still weiht de wind toher
rundüm – de heid nu bleiht
de barken gröönt
to 'n nahen weg –
de gele sand
de padden malt
eensam stahn
de machandelbööm –
liesen seggt – de schoe diek

langs de heid ik gah
en havik hooch
sien' runnen tücht –
wat blau
de heven spannt

wat sacht
de sünn mi strickt
mi lies – en töver röhrt
ik spör – wat still
de heid nu dröömt

de fru an 'n strand

wat still – de witte strand –
sik meer un heven
feern tosamen findt
dat meer – de heven blau
wat hill de sünn dor fallt
se över 't water danzt –
so kloor de kim sik malt

de nahe strand –
wat lies de wind dor geiht
he sachten küsst
ehr sieden haar
– de fru an 'n strand
as dröömt – se mit 'n wind

harvst

mien park
wat golden
he beseelt –
nu küsst
de wehe sünn
vun 'n sümmer noch
dat late blöh'n –
lies fallt
nu blatt
üm blatt –
sik still
de welt
nu neegt

de ole pump

de ole pump
se steiht noch jümmers dor
nah bi navers goorn –
hooch wussen
wiet de foorn
kuum to sehn
de ole pump

de ole pump
se heevt keen water mehr
vergahn – de tiet –
nu weevt de spinn
al lang ehr nett
de fadens dicht an dicht
en käver – swatt un flink
he löppt dor daal
dat sleten rohr

ik föhl do lies – de wind
he weiht gor jümmers noch –
de ole – ole pump

do jümmer is

de neegen bööm
wat hooch se wussen –
de ole steen
he is al lang nich mehr
verweiht – ehr schreven naam

ik seeg en bild vun ehr
as noch en kind ik weer –
so mannich stünn
se hebbt vertellt
vun ehr

so kick un hör –
do jümmer is
en tiet –
dat weer
de tiet tovör

moder

moder –
vun uns welt
du geihst –
ik spör
du sühst
'ne niege tiet

moder –
finn
dat ew'ge licht

vader

dat is al lang toher
as du de welt
verlaten –
wat weer so trurig mi
de seel –
vader – mi to 'n dag

ik wull – du wüsst
wat mannich vers
ik schriev
in dien so leve spraak –
vader – ierst so laat

wat kommodig
mi de spraak –
vader – wat mi hagt
de plattdüütsche spraak

winterdaags

wat lies

de snee

nu fallt

nu roht

de nahe welt –

sik keen twieg

do röhrt

verlaten schreet

de wiede kreih –

wat eensam

geiht de dag

towielen

do is so mannich stünn
so vör mi hen – ik fraag
wo mien welt dor is

wat mien welt – gor is
ik dat seeker weet –
dat sünd de wöör
de ik do schriev
dat sünd de feller all
de wischen un de woolen
de blomen överall
dat sünd dat meer – dat ruuscht
de sünn – de baven steiht
un all dat kinnerlachen

wat mien welt – gor is
ik dat seeker weet –
doch wo – mien welt dor is
towielen – ik mi fraag

mien hart

de welt – de is so groot
för all de kinnerogen –
gröön de wischen – wiet de feller
bunt de blomen – överall

un de lue wind – do weiht
to lustig in dat hoor –
wat 'n lachen
sik erheevt

un seh ik so
un hör ik so –
mien hart
dat warrt mi swoor

o kunn wull jedet kind
do lachen – wiet un siet

dat kind in mi

wat weiht de wind
mi in 't gesicht –
welk brusen
un welk susen
'all ümher

de waggen drieven
över 'n steg
de wieden wulken malt
de heven gries un grau –
un de rögen fallt
in de störmisch' see

ik gah

ik sinn –

wat is de welt so wiet

wenn ok – mi dücht

se weer so nah to mi

wat weiht de wind

mi in 't gesicht –

in mi – de kinnerwelt

ik spör –

mi warrt – so sünnerbar

tomoot –

noch jümmer leevt

dat kind in mi

nu geiht vörbi

nu geiht vörbi
dat ole johr –
do geiht torüch
so mannich blick
do nu de daag
verweih'n

nu laat uns kieken
hen na dat niege johr –
laat finnen uns
de toversicht
den weg – to glück un leev

de welt malt vele farven

bewohr'n

de welt
malt vele farven –
malt se
alltiet toher

so will de welt
ik achtsam schau'n
will bewohr'n –
den ogenblick

INHALT

Gedichte

spör – wat nah dien welt

nu bliev wull stolt

Kleines GLOSSAR

al mahnt   schon mahnt

aten   Atem

barken   Birken

beek   Bach

bi 't schraagen kratt   beim kargen Unterholz

brösig   keck

dämm   Dämme

diek/dieken   Teich/Teiche

dwarlig   quirlig

feller   Felder

fledderesch   Espe

fleerling   Schmetterling

foorn   Farn

förwiss   gewiss

füllt   gefüllt

füür   Feuer

gau   plötzlich, schnell

glück un leev   Glück und Liebe

goorns   Gärten

gravens   Gräben

havik   Habicht

högig   vergnüglich, freudig

jümmer   immer

keut   keck, dreist, schlitzohrig

kim   Horizont

kommodig   gemütlich

krüllen   Locken

levig   lebhaft

lucht/luft   Luft

lücht   leuchtet (auch leuchten – bei „wir"/"ihr"/"sie")

machandel(bööm)   Wacholder(bäume)

meeschen   Meisen

mi hagt   mir behagt

neegen bööm, de   die nahen Bäume

neegt   neigt

ööschen   Anemonen

op de steed   sofort

pingelt   klingelt

runnen tücht   Runden zieht

saffraan   Krokus

scho(e)   scheu(e)

selig   glücklich, selig

sleten   zerschlissen

smödig   behebig, träge, weich, schmiegsam

smüüstern   schmunzeln

strickt/streek   streicht/strich

tegenöver   gegenüber

toggen/toggt   zupfen/zupft

toorns   Türme

towielen   zuweilen

truut/sik truut   traut/sich traut (Inf: sik truun, sich trauen)

't sweven   es schweben

waggen   Wellen

weiher   Fächer

wiede kreih   dichterisch: die ferne Krähe

wieden   Weiden (Bäume)

wies ümmer jem   zeige ihnen immer

wischen   Wiesen

woolen/woolden   Wälder

wussen   gewachsen

Erich Meyer

70

Erich Meyer

*1946 in Hamburg

Studium

Erziehungswissenschaften

Sonderpädagogik

Oberstudienrat an Sonderschulen i.R.

schreibt vorwiegend Lyrik

Bisher erschienen:

spüren – lyrische Verse

Norderstedt 2005 ISBN 3-8334-2770-1

Haiku   Norderstedt 2013 ISBN 978-3-8482-3767-8

Lyrik in den Jahreszeiten

Norderstedt 2016 ISBN 978-3-7392-6257-4

Kontakt: Erich Meyer

Mail: erich.2005@freenet.de